Adelina R. Mamaqi
Ilustroi: Blegina Bezo
Moj, e bukura SHQIPËRI!
VOTRA

Adelina R. Mamaqi

Ilustroi: Blegina Bezo

Moj, e bukura
SHQIPËRI!

Votra Publishing

Poezi nga Adelina Mamaqi
Ilustrime nga Blegina Bezo
Redaktore: Rovena Rrozhani
Dizajni: Eris Tare
Botuar nga Votra Publishing, USA
Shtypur në Shqipëri
ISBN: 979-8-9854402-9-4

Votra Publishing
PO Box 199
Bronx, NY 10463
www.votramagazine.com

USA - ALBANIA

KY LIBËR I PËRKET

Përmbajtje

Të dashur fëmijë!

Libri që po merrni në duar ka aromën e tokës shqiptare me
të gjithë pasurinë e saj të çmuar. Ky thesar vjen i shprehur
kaq bukur në gjuhën tonë shqipe, nga shkrimtarja Adelina
R. Mamaqi, një nga penat më të dashura për shumë breza
fëmijësh. Ajo ka shkruar për ju në vargje të ëmbla dhe plot
muzikë, duke sjellë jo vetëm natyrën shqiptare por dhe traditën
e popullit tonë si dhe mesazhet e vlefshme për çdo fëmijë.
Nëpërmjet këtyre poezive me fjalor të pastër, ju mund të
mësoni dhe pasuroni gjuhën amtare.
Poezitë plotësohen më së miri me ilustrime plot ngjyra
e gjallëri të disa prej veshjeve popullore apo shtëpive
karakteristike shqiptare më të njohura! Shtëpia botuese
"Votra" është e lumtur që ofron për lexuesit e saj të rinj një libër
me kaq vlera artistike, gjuhësore dhe kulturore.
"Moj, e bukura Shqipëri!" është një copëz atdheu që duhet
njohur dhe mbajtur përherë brenda zemrës!

PARATHËNIE

Lexues të vegjël, të dashur,
E dini sa shumë ju dua.
Gjithë jetën në shpirt ju kam patur,
Përherë ju jeni me mua.

Si zogj me plot cicërima,
Në zemër çdo ditë më qëndroni.
Më falni gëzim, frymëzim,
Dhe libra të rinj më dhuroni.

Te libri që mbani në duar,
Ju solla nga toka shqiptare,
Një copëz natyrë të çmuar,
Të bukur, të pasur, bujare.

kooo, ko, kooo
14

PULA

Kooo, ko, kooo! Plot me gaz,
Vogëlush, ju thërras.
"Mirëmëngjes!" ju përshëndes,
Dhe ju fal një kokërr vezë!

Kur unë bëhem nënë klloçka,
Vezët ngroh e dalin zoçka.

Janë pushverdhë, bëjnë cii, cii!
Unë i mbaj në krahët e mi,
I përkund me dashuri,
Porsi nëna çdo fëmi.

ki - ki - ki... Kirikik

GJELI

Kam kurorë të kuqe flakë,
Thonë se jam dhe mburracak!
Sa zbardh dita, më nuk pres,
Këngën marr se jam Këndes!
Vetëm se… një këngë di:

Ki – ki - ki… Kirikiki!

THETH, lugina e Shalës, në Alpet Shqiptare

BRETKOSA

Nëpër baltë, nëpër llum,
Hidhem lart e zhytem "pllum".

Kur vjen mbrëmja, kuak kuak kuak,
Nis një këngë për merak.

Kënga ime magjeps pyjet,
Ta dëgjojnë zbresin yjet…

Vetëm se bëj shumë çudi:
S'e pëlqen asnjë njeri!

Por, si unë kush është e zonja
të llufisë aq shumë mushkonja?

PILIVESA

Pilivesë, pilivesë,
Sapo zgjohesh në mëngjes,
Sytë lan e pi pak vesë.

Trup të hollë e krahë të lehtë,
Aeroplanit i përngjet.
Po nuk ngjitesh përmbi retë!

Herë mbi tokë, herë mbi ujë,
Nuk bën zhurmë e nuk bën bujë,
Edhe keq s'i bën askuj.

Je insekt i qetë, i mirë,
Krahët rreh dhe shpejt, e lirë,
Fluturon në hapësirë.

BLETA

Vogëlushe krahëartë,
Del nga zgjoi që me natë.

Bredh ndër lule, lodhje s'ndjen,
Thith nektar e mbledh polen.

Çdo ditë hojet mbush me mjaltë
Të gostisë kalamajtë!

ARIU

Nga përrallat ti më njeh.
Nëpër pyje rroj gjithmonë.
Gjithë dimrit strukem, fle.
Vjen pranvera e më zgjon.

Dhelpra, ujq e kafshë të forta
Nga unë ikin me vërtik,
Vetëm bletëzat e vogla
Nuk më kanë fare frikë!

Pranë zgjoit, kur më shikojnë
Cik e cak! O, ç'më thumbojnë!
Ndonjëherë filloj e qaj,
Ama, mjaltin e përlaj!

LULET E PARA

Kur dëbora nis të shkrijë
Në lëndinë, fushë e mal,
Lulet e pranverës mbijnë
Edhe rriten dalë nga dalë.

Aguliçja çel e para,
Nëpër male e lëndina.
Nëpër fusha, nëpër ara,
Luledelja, trëndelina…

Midis barit lulëzojnë,
Si qilim e zbukurojnë.

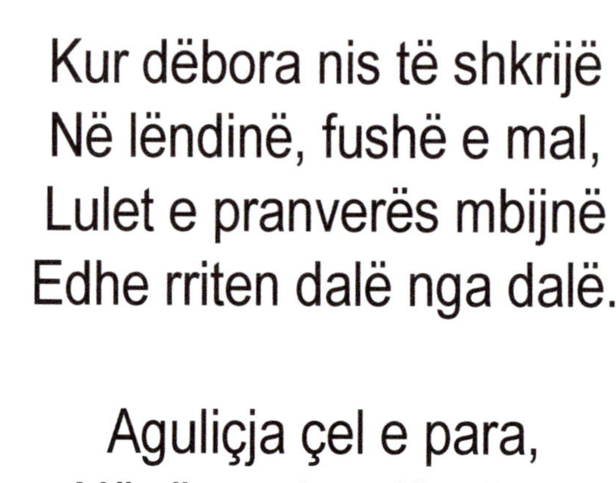

FLUTURA

Zgjohem në pranverë,
Ngjyrat si ylber.

Kur mbi lule strukem,
Porsi lule dukem.

Dukem, por nuk jam,
Sepse krahë kam.

Vallëzoj në lëndinë,
Si një balerinë…

Herët, në mëngjes,
Pi një kupë vesë…

NUSEBUKURA

Buku-bukureza,
Mbi "fustan" të kuq,
Plot pika të zeza!
Mos je parashutë?
E vockël si thua,
Dhe endesh gjithkund
Me krahëzat e tua?

- Jo, jo, jam insekt.
Kur ti dorën hap,
Unë zbres me të shpejtë,
Dhe iki me vrap.

- Ngjyrat kuq e zi,
Vallë, kush t'i vuri?
Apo, kushedi,
T'i dhuroi flamuri?

IRIQI

Rrumbullak e gjëmba-gjëmba,
Që nga koka gjer te këmba.

Cëk! Me gjëmba frutat shpon,
Përmbi shpinë i ngarkon.

Kalamajtë e vet në strofkë,
I gostit me nga një copkë.

Mirë e mirë kur i ngop,
Tok vallëzojnë: Hop! Hop! Hop!

Sa çudi, çudi e madhe,
Iriqushët hedhin valle!

LULEBORA

Në saksi e në oborr,
Moj, e bukur luleborë,
Si top bore, topçe je,
Dhe plot lulëza brenda ke.

Si dëbora çel e bardhë,
Ditën, ngjyrat ndërron me radhë.
Ngjan sikur në një saksi,
Janë shumë lule… sa çudi!

Shtëpi karakteristike të Beratit

Xhubleta, veshje karakteristike shqiptare e zonës së Veriut,
pjesë e trashëgimisë kulturore botërore të UNESCO –s.

MANUSHAQE

Manushaqe e vogël,
Lulëzon në ferra.
Lajmëron gjithë botën,
Se erdhi pranvera.

Manushaqe e vogël,
Unë të dua shumë.
Mos e ul ti kokën,
Mos u tremb nga unë!

Manushaqe e vogël,
Mos u dridh në ferrë.
S'vij për të këputur,
Vij të të marr erë.

KARAFILI

Karafili, lule e vogël,
Plot me ngjyra e aromë,
Çel e lulëzon në Shkodër
E kudo në vendin tonë.

Ne të gjithë i adhurojmë
Ato luleza të vogla
Edhe këngë u këndojmë:
"Karafilat që ka Shkodra"...

Po i gjejmë anembanë,
Në Shqipëri e në Tiranë,
Se të bukur shumë janë.

DALLËNDYSHJA

Në vjeshtë, larg niset e shkon,
Dhe të ftohtin, se duron.
Në pranverë kthehet më parë,
Nga të gjithë zogjtë shtegtarë.

Dielli rrugën ia rrëfen,
Që ta gjejë ku la folenë.
Dhe folezën, në ballkon,
Siç e le, e gjen gjithmonë.

Sapo vjen urojmë të tërë.
"Mirëserdhe, bishtgërshërë!"
Porse emrin e ka ndryshe,
Dallë - dallë - dallëndyshe.

ZAMBAKU

Unë mbillem me zhardhokë*.
I mbuluar ngrohtë qëndroj,
Pastaj rritem përmbi tokë,
Me plot ngjyra lulëzoj.

Dhe me shumë emra më gjeni
Anembanë, gjithë botës:
Zambak i Paqes, Zambak liqeni;
Quhem dhe Zambak i Shkodrës*

Edhe këngë më ka kënduar
Pagarusha bilbileshë*
Po unë kurrë nuk jam krenuar;.
Lum ai që është i thjeshtë!

* Zhardhokë – tuberë
* Kështu quhet zambaku me ngjyrë të kuqe, që rritet në Shkodër.
* Këngëtarja e madhe Nexhmije Pagarusha quhet bilbili i Kosovës.

Veshje karakteristike nga zona e jugut të Shqipërisë.

Shtëpi karateristike në Frashër të Përmetit

34

BORZILOKU

Borziloku, në Përmet,
Thonë se ka shtëpinë e vet.
Përmetarët shumë e çmojnë
Edhe këngë i këndojnë:

Ka shumë gjethe e pak lule,
Por e rrisin me pekule",
Me pekule, me dëshirë,
Për aromën aq të mirë.

Shpesh, me tufëza e bëjnë,
Në mes rrobave e vënë.
Por edhe në gjellë e shtijen,
Që më shumë t'u shtojë shijen.

Borzilok, i vogël je,
Vlerat të mëdha i ke.

*përkëdhelje, në këtë rast, kujdes.

SHQIPONJA

Krahëfortë, syshkëndi,
Majëmalin ka shtëpi.
Është simbol i trimërisë;
I dha emrin Shqipërisë.

Se shqiptarët me të ngjajnë,
Atdhetarë e trima janë.
Në flamur qëndron gjithmonë,
Është krenaria jonë!

LULËKUQJA

Lulëkuqe e kam emrin,
Si çdo lule, nuk më mbjellin.
Unë çel vetë, me ngjyrë purpur,*
Nëpër arat plot me grurë.

Kuq e zi, dy ngjyra kam
Dhe krenare shumë jam,
Se flamurin kuq e zi
E ka nëna Shqipëri!

*ngjyrë e kuqe e errët

Shtëpi karakteristike në Ardenicë të Fierit

KETRI

Jam i bukur, lozonjar,
Dhe njëherësh, kureshtar.

Kam pellush e bisht të gjatë,
Vogëlush, po akrobat.

Rroj në pyje, nëpër drurë;
Hidhem "hop!" e s'lodhem kurrë.

Atje bëj edhe folenë,
Që ketrushëzat të flenë.

Ato qumësht pinë me "shishe"
Dhe lodrojnë me boçe pishe.

KOTELJA

Nëpër flokë i bredh mamasë,
la tërheq sa të thërrasë.
Babit ia fsheh çorapet,
Lesh e li i bëj dollapet!

Loz me kukullat e tua,
Se ti vetë "kukull" më thua.
Ndërsa ty kur përkëdhele,
Të thotë babi: "Moj, kotele"!

Gjithë ditën unë loz,
Dhe nuk di as "Hesht!", as "Mos!".
Kacavirrem në dritare,
hidhem "bum!" e s'vritem fare.

Shtëpi karakteristike shkodrane

GOMARI

Bebe - unë quhesha kërriç.
U rrita, më vunë samar.
Edhe nuk e kuptoj hiç,
Pse tani quhem gomar.

Jam punëtor e jam i butë.
Duroj etjen dhe urinë.
Herë mbaj koshat, herë mbaj drutë.
Mbaj dhe njerëzit përmbi shpinë!

Prij devetë në shkretëtirë,
Rrugën kurrë s'e gaboj.
Por, s'ma thonë një fjalë të mirë!
"O gomar!", më shajnë njësoj!...

Prandaj gjyshet na mësojnë:
Kujt duron, "gomar" i thonë.

LULEDIELLI

Kur unë u çela, thotë një legjendë,
Rrezet e Diellit më panë
Dhe; i magjepsur, ai vetë,
Zbriti, më erdhi pranë.

Tha: - Sa e bukur qenke ti!
Por të mungoka ngjyra.
Shpejt më dhuroi ngjyrën e tij
Dhe më ndryshoi fytyra.

Ndaj, sapo çelem, në agim,
Fytyrën ngre nga qielli.
Me mirënjohje e gëzim,
Unë kthehem nga shkon Dielli.

Dhe jam një lule shumë e lumtur,
Për emrin tim të bukur.

Gjirokastër

LULJA GOJËUJKU

Lule e vogël, në saksi,
Si një gojë e hapur rri.
Po përse, përse, përse,
Gojëujku emrin ke?!

Lulja hesht, se s'di të flasë.
Shkoj edhe i them mamasë:
Po, përse, përse, përse,
Gojëujku e quajmë ne?!

Ajo qesh e s'di ç' të thotë..
Sa çudira ka në botë!

Tirana

MËLLAGA

Në saksi, nëpër ballkonë.
Gjyshemirat ne na mbjellin.
Dhe me ujë na freskojnë,
Për ushqim dhe pleh na hedhin.

I çel lulet me dëshirë,
Ditë për ditë, nga mirënjohja.
Por e bëj dhe një të mirë:
I dëboj "zonjat" mushkonja!

Mirënjohja të jep nder.
Mos harroni asnjëherë!

HARABELI

Vogëlushë, ju më doni,
Elb e grurë më dhuroni.

Kur vjen dimri me thëllime,
S'iki kurrë në shtegtime.

Se e dua shumë folenë,
Si njeriu do atdhenë.

Çdo mëngjes, dimër e verë,
Zëri im ju zgjon përherë.

Cicëroj nëpër dritare,
Si një melodi kitare.

LULE " MOS MË PREK! "

Unë s' mbillem në tokë,
Lulëzoj në degë
Dhe emrin ma thonë:
Lule "Mos më prek!"

Sepse, po më preke
Fare pak, një çikë,
Menjëherë mbledh gjethet,
Sepse kam shumë frikë.

Po përse kaq frikë ke?!
Lulet fort i duam ne.

LARASKA

Krra, krra krra! Ia bën laraska,
Zërin sa të fortë e paska!
Krahët hap e bredh ngado,
Kureshtare është ajo.

Kur diçka që ndrin e sheh,
Shpejt e shpije në fole.
Ndaj e quajnë dredharake,
Egoiste, zhurmarake.

Por e dini që laraska,
Një virtyt të çmuar paska?
Kur ndonjëri e ndihmon,
Me mirënjohje e kujton.

LULE MIMOZA

Më quajnë Mimoza,
Kam lule të vockla.
Çel në pemë, lart,
Me ngjyrë të artë.

Sapo lulëzoj,
Pranverën e ftoj
Ajo me vrap vjen,
Plot lule më gjen.

Fëmijë, xhaxhi, teta,
Më bëjnë buqeta,
Dhe çojnë dhurata,
Me lule të arta.

Lulëzoj plot bukuri,
Anembanë në Shqipëri.

MILINGONA

Unë e vogla, sa një grurë,
Çikë!... cikë!...s'lodhem kurrë.
Puno dje e puno sot,
Kam folenë përherë plot!
Njerëzit më nderojnë e thonë:
"Punëtor, si milingonë!"

SORKADHJA

Moj sorkadhe, nazemadhe,
Je e butë si manare.

Nëpër pyje e livadhe,
Ecën sikur po hedh valle.

Ke dhe kalamaj të veckël,
Hidhen hop! e hop! si kecër.

A, mos vallë, edhe ata,
Si ne luajnë "Kush e ka"?

ROSA

Ia bën rosa: mak, mak, mak!
Kur shkon lahet në batak.
Prit, moj rosë, prit dhe pak,
Se po vjen xhaxhi rosak.
Edhe rikat: kuak, kuak, kuak!
Kuak, kuak, kuak! E plot rrëmujë,
Si notarë zhyten në ujë.
Mak e kuak! Filloi gara:
Cila do të dalë e para?

Liqenet e Dumresë

TRËNDAFILI

Për ty këngë kanë thurur:
"Trëndafili fletë...fletë..."
Gonxhet çel dhe, pa u mburrur,
Na mahnit me të vërtetë.

Je i bardhë i verdhë, i kuq,
Mbretëron mes luleve,
Por, pa lejë, kush të këput,
Gjembat gati ti i ke...

Kudo ndodhesh, na dhuron,
Dhe aromën dhe freskinë.
Kur në vazo, ti qëndron,
Na e zbukuron shtëpinë!

LEPURI

Lepurush, o lepurush,
Bishtcubel e veshllapush.
Ngjan si lodër me pellush.
Rron në pyll e fushë ti,
Por të mbajmë dhe në shtëpi.
Se të duam fort! E di?

Veshje karakteristike e Shqipërisë së Mesme

FRUTËZA, MOJ FRUTËZA

Frutëza, moj frutëza,
Me emra të ndryshme,
Me ngjyra të bukura,
Sa jeni të shijshme!

Kokrrat e qershive,
Maji vjen t'i skuqi.
Duart e fëmijëve,
Me gëzim t'i mbushi.

Mana e kajsi,
Pjeshkë, fiq e thanë,
Na ftojnë çdo ditë,
Se janë miqtë tanë.

Vjeshta na sjell rrushin,
Mollët, dardhët, shegët.
Shportat tona mbushen,
Pemët zbrazin degët.

Frutëza, moj frutëza,
Çdo ditë na gostitni.
Të shijshme, të butëza,
Të fortë na rritni!

DHIA

Përmbi kokë kam dy brirë,
Për çudi, jam dhe me mjekër.
Ti, lexues, më njeh mirë:
Dhi e butë e dhi e egër.

Butrinti

Dhi e butë kur emrin kam,
Me bagëtitë, në stan jetoj.
Gjithë qumështin që kam,
    Pa kursyer, e dhuroj.

    Po, kur jam një dhi e egër,
    Edhe unë vetë çuditem,
    Nëpër male, si atlete,
    Majave të larta ngjitem!

    Vogëlush, po a e di
    Përse jam kaq shumë krenare?
    Skënderbeu*, si brirët e mi,
    Kishte dy në përkrenare...

    ...Sepse frikë nuk kam fare!

* Heroi më i madh i kombit shqiptar

A e dini se?

10 fakte interesante për shkrimtaren Adelina Mamaqi

- Është poetja e parë në letërsinë shqipe.
- Është shkrimtarja e parë shqiptare që shkroi libra për fëmijë.
- Ka shkruar dhe botuar rreth 90 libra për fëmijë dhe vazhdon krijimtarinë e saj edhe sot e kësaj dite.
- Poezitë e saj përfshijnë fëmijë, kafshë, bimë dhe natyrën.
- Librat e saj lexohen nga fëmijë shqiptarë në mbarë botën.

- Ajo është e dashur për fëmijë, prindër dhe gjyshër njëkohësisht.
- Ajo nuk përdor kompiuterin për të shkruar librat e saj. Letra dhe stilolapsi janë mjetet e saj të punës.
- Është nderuar dy herë me Urdhrin e Lartë "Naim Frashëri".
- Është pjesë e Antologjisë Botërore të Poezisë për Fëmijë.
- Është pjesë e Antologjisë së Shkrimtarëve më të mirë Shqiptarë, botuar në Itali.

FJALA E BOTUESES RRETH AUTORES

Adelina R. Mamaqi

Adelina Mamaqi është një figurë pioniere e letërsisë shqipe. Në moshën 9 - vjeçare krijoi vargjet e para, ndërsa kur ishte 17 vjeç debutoi në shtypin letrar. Librin poetik "Ëndrra vashërie" e botoi kur ishte 24 vjeç, dhe hyri në histori si poetja e parë shqiptare. Ajo shpalosi botën e brendshme të vajzave shqiptare duke thyer tabu për mentalitetin e kohës.

Po atë vit, me botimin e librit për fëmijë "Bubi i vogël", ajo u bë edhe shkrimtarja e parë shqiptare për fëmijë. Që prej asaj kohe, librat e saj kanë hapur derën e letërsisë për breza të tërë fëmijësh.

Adelina Mamaqi u lind në Tiranë, në një familje përmetare me tradita intelektuale. Kreu studimet në Fakultetin Filologjik dhe punoi në shtëpinë botuese "Naim Frashëri", në Lidhjen e Shkrimtarëve dhe Artistëve të Shqipërisë, si edhe në revista për fëmijë, duke ndihmuar në formimin letrar të brezave. Në 70 vite karrierë ajo shkroi 90 libra për të rritur e fëmijë, disa ribotime të rishkruara, disa të përkthyera jashtë Shqipërisë si dhe tani nëpërmjet Votra Publishing, edhe në USA. Shumë libra të saj janë vlerësuar me çmime të para. Është nderuar dy herë me Urdhërin "Naim Frashëri".

Adelina Mamaqi është përfaqësuar në Antologjinë Botërore të Letërsisë për Fëmijë, në Antologjinë e Shkrimtarëve më të Njohur

Shqiptarë në Itali, si edhe në antologji të tjera të letërsisë për fëmijë në Kosovë e Shqipëri, ku nga kritika studimore është cilësuar edhe si ikonë e kësaj letërsie.

Poezitë e Adelina Mamaqit janë të mbushura me dashuri për fëmijët, natyrën, kafshët dhe imagjinatën e pasur. Edhe sot, ajo vazhdon të shkruajë dhe të botojë, duke mbetur e dashur për lexues të të gjitha moshave; nga fëmijët deri te gjyshërit.

Votra Publishing është e nderuar që të sjellë poezitë e Adelina Mamaqit për fëmijët e diasporës shqiptare. Për mua, si botuese, ky libër ka një domethënie thellësisht personale pasi ajo është autorja e dashur e fëmijërisë sime. Poezitë e saj ishin ndër fjalët e para që më mësuan se gjuha mund të këndojë, se mirësia mund të jetojë brenda një faqeje libri, dhe se imagjinata mund të bëhet një shtëpi. Edhe sot, më duket pothuajse e pabesueshme që vargjet që shënjuan vitet e mia të hershme do të udhëtojnë nëpër botë bashkë me mua, duke kapërcyer oqeane dhe breza, për të mbërritur te lexues të vegjël të rinj, të lindur larg tokës që u dha jetë paraardhësve të tyre.

Me dashuri,

Aferdita Delaj

Çmimi: